NOTICE

SUR

EDME MIEL.

LITTERATEUR

MEMBRE DE LA SOCIÉTÉ LIBRE DES BEAUX-ARTS

NOTICE

SUR

EDME MIEL.

Messieurs, lorsqu'il s'agit de rappeler les principaux traits de la vie d'un homme doué de toutes les qualités du cœur; lorsque cet homme, passionné pour tout ce qui est beau, grand et noble, s'est montré à nous non moins passionné dans une amitié constante de près de trente années, et lorsqu'enfin toutes les qualités qui distinguaient cet homme ont laissé, profondes encore, leurs traces dans votre âme, vous admettrez sans peine qu'il est facile d'être entraîné vers une même exaltation. Quelque sincère que cette exaltation puisse être, quelque excusable qu'elle soit, vous m'accorderez qu'il est difficile qu'elle rencontre chez tous la bienveillante indulgence à laquelle elle aurait droit.

Cette considération, Messieurs, et surtout celle de l'incomparable modestie de M. Miel pour tout ce qui se rapportait à lui-même, jointe à l'ardente admiration qu'il montrait pour les autres, ont dû me mettre en garde contre mes sentiments personnels pour le digne ami que j'ai perdu, pour le zélé et distingué collègue que nous ne verrons plus siéger parmi nous.

1845

La notice que vous allez entendre n'est donc qu'un simple récit des faits qui, depuis sa naissance jusqu'à sa mort, ont accompagné et rempli l'utile existence de M. Miel. Je les ai réunis et écrits avec la pensée que si notre ami assistait à cette lecture, il y retrouverait là vérité qu'il a toujours recherchée et aimée, sans y rencontrer la flatterie qu'il a toujours fuie et détestée.

Cet hommage, Messieurs, m'a paru le plus digne à rendre à sa mémoire.

Edme-François-Antoine-Marie Miel, homme de lettres, naquit à Châtillon-sur-Seine, département de la Côte-d'Or, le 6 avril 1775. Il dut à son père, organiste, et à sa mère, fille d'un statuaire, d'avoir vu de bonne heure pratiquer l'art, d'en avoir entendu parler continuellement le langage, et compris, par conséquent, la haute destination et les nobles jouissances.

Une bonne instruction littéraire, acquise dans l'Université de Paris, plusieurs voyages sur mer, au milieu des grands spectacles de la nature, deux années d'études à l'école Polytechnique, principalement dirigées vers les applications artielles, fortifièrent chez lui le goût qu'il avait puisé dans les impressions de son enfance. Elles le préparèrent à exercer avec distinction toute profession libérale; mais son amour pour la retraite, son incapacité pour tout ce qui ressemblait, je ne dis pas à l'intrigue, mais au savoir-faire dans le monde, le condamnèrent, pendant la première moitié de sa vie,

à une profonde obscurité, d'où il ne sortit enfin
qu'à force de travaux consciencieux et remarquables. Peu de temps après l'organisation des préfec-
tures, le préfet de Paris, Frochot, son compatriote,
lui donna une place dans le service des contribu-
butions directes. Il y fut attaché pendant trente-
six années, dont les vingt dernières comme chef de
division. Le zèle avec lequel il remplissait ses fonctions ne l'empêcha pas de suivre ses goûts stu-
dieux, dans la seule vue de l'art, ni de se livrer à
l'étude de plusieurs sciences, notamment à celle
de l'histoire naturelle, science dont la forme et
les couleurs sont l'âme, et qui offrit à M. Miel d'autant plus d'attraits que son instruction se dévelop-
pait, en même temps, par ses continuelles visites
dans nos riches musées, dans les expositions pu-
bliques d'objets d'art et dans les ateliers des plus
fameux artistes contemporains.

Il se livrait avec non moins de passion à l'étude
de la musique, et quelque modique que fût son
revenu, il ne manquait jamais un concert, une
brillante réunion musicale. Les privations pour se
procurer ce plaisir distingué ne lui coûtaient rien.
M. Miel était peu pressé de se produire ; mais ses
amis surent l'apprécier, et il fut invité à coopérer
à la rédaction littéraire et surtout artistique de dif-
férents journaux, entre autres, dans le *Moniteur*. Il
rendit compte de plusieurs Salons du Louvre ; en
1814, dans le *Journal Général de France ;* en 1828,
dans l'*Universel ;* en 1834, dans *le Constitutionnel.* Il

remplit également, dans plusieurs feuilles, la même tâche à l'égard des concerts et réunions musicales. Les artistes faisaient grand cas de ses jugements toujours consciencieux, exprimés, d'ailleurs, dans le langage le plus approprié à la chose. Plusieurs de ses articles furent traduits en anglais et en allemand; et l'académie de Gand, satisfaite de la manière dont il avait apprécié les peintres flamands, lui envoya, d'elle-même, un diplôme de membre correspondant.

En 1817, il publia l'examen de l'intéressante exposition de cette année, dans un volume in-8°, accompagné de trente-huit planches au trait, gravées par M. Victor Texier; ayant pour titre : *Essai sur les Beaux-Arts et particulièrement sur le Salon de 1817*. Certaines directions proclamées nouvelles et que le charlatanisme donnait pour des progrès, M. Miel les signala avec raison, comme de déplorables plagiats des temps de la décadence.

David distingua ses dissertations; il les encouragea, et de son autorité de chef d'école, il conféra à l'écrivain la mission d'exercer la critique de l'art. « Continuez, lui dit-il, vous rendrez service aux « artistes, car vous les comprenez. » La veille même de son départ pour l'exil, le grand maître lui accordait dans son atelier, en présence des *Sabines* et des *Thermopyles*, un de ces entretiens sur l'art qui sont le résumé de toute une philosophie. Dès 1812, M. Miel avait influé, comme critique, sur l'opinion, en faisant revenir le public sur ses préventions contre **M.** Ingrès, dont le beau talent était alors si méconnu.

Quelque sévères que fussent ses principes en matière d'art, sa doctrine ne fut point exclusive. Il fut un des premiers apologistes de l'art pratiqué au moyen-âge, mais en s'élevant toujours contre la confusion des genres. C'est lui qui ressuscita, comme artiste, le célèbre potier de Saintes, Bernard Palissy, et qui rendit son nom populaire. Les considérations dont il fit précéder les notices remarquables sur trois de nos artistes primitifs, Jean Cousin, Jean Goujon et Philibert Delorme, en établissant la transition du gothique à la renaissance, pour ce qui concerne la peinture, la sculpture et l'architecture, ne se bornèrent pas, de sa part, à une polémique littéraire; il combattit avec énergie, mais vainement, comme une disparate choquante, l'ordonnance, soi-disant grecque, appliquée à la restauration de la chapelle de la Vierge, dans la vieille basilique de Saint-Germain-des-Prés. Il se prononça avec plus de succès contre l'érection d'un monument funéraire projeté dans la nef de Notre-Dame pour le duc de Berry, et démontra, par plusieurs articles d'un raisonnement décisif, que ce hors-d'œuvre détruirait l'effet du plus beau temple de la capitale. M. Miel ne se dissimulait pas les suites fâcheuses que pouvait avoir pour lui une fausse interprétation de son opposition purement artielle. Mais la crainte d'une disgrâce ne devait pas être mise en balance avec la défense constante de ses principes. Critique droit et consciencieux, il évitait tout ce qui pouvait compromettre son indépendance ; ce n'est pas que sa critique ne fût très-douce , mais il se dédommageait parfois dans la conversation : ce qui fit qu'un peintre célèbre l'appela souvent *Monsieur Fiel*. M. Miel n'était pas peu flatté de ce surnom qui lui prouvait que ses paroles avaient frappé juste.

Après la révolution de 1830, se forma, à Paris, la Société libre des Beaux-Arts, composée de peintres, de statuaires, d'architectes, de musiciens, de graveurs, d'archéologues et de simples amateurs. M. Miel y fut admis dès l'origine, et la Société lui confia, pendant dix années consécutives, la direction de toutes ses publications. En remplissant ces fonctions qui équivalaient à celles d'un secrétaire perpétuel, moins les émoluments, il épousa vivement cette nouvelle institution à laquelle sa sollicitude et son dévouement rendirent les plus grands services : aussi se plaisait-il à l'appeler *sa seconde fille*. Il dirigea ainsi la mise au jour de cinq volumes des Annales de cette Société, savoir : 1830 et 31, 1836, 1837, 1838, 1839. Il y fournit lui-même un contingent considérable où l'extrême variété des sujets montre combien les connaissances que possédait leur auteur étaient, tout à la fois, diverses et positives.

Parmi les écrits de M. Miel qui ont enrichi d'autres collections, la *Galerie-Française* lui doit plusieurs morceaux ; et les articles les plus importants pour l'histoire de l'art français, insérés dans *l'Encyclopédie des gens du monde*, sont sortis de sa plume.

Comme ouvrages complets, il publia, en 1819, un volume in-folio sur le *Cloître des Chartreux*, par Lesueur, comprenant la description et l'examen des vingt-deux tableaux reproduits par la lithographie, avec une *Notice sur Lesueur* et une *Vie de saint Bruno*; ouvrage de luxe et de critique, dont les jugements ont fait autorité. En 1825, assistant au sacre de Charles X, frappé de la différence entre l'état des arts à cette époque, et l'état des arts à celle du sacre de Louis XVI, il partit de ce rapprochement pour écrire l'*Histoire du sacre de Charles X, dans ses rapports avec les beaux-arts, l'histoire politique et la Charte constitutionnelle de la France*. Ce coup d'œil rétrospectif sur le demi-siècle écoulé devint sous sa plume une publication artielle des plus curieuses et des plus instructives.

Nommé membre du jury d'examen pour l'admission des institutrices dans le département de la Seine, il remplit, pendant plus de treize ans, ces fonctions avec un zèle vraiment paternel. Resserrant, pour les femmes, l'enseignement scientifique dans les limites tracées par leur condition sociale, il combattit avec persévérance, mais malheureusement sans succès, la direction pédantesque imprimée à leur éducation publique. Admirateur du traité de Fénelon *sur l'Éducation des Filles*, qui, bien compris, ne laisse rien à désirer, même en ce qui concerné les sciences et les arts, il rédigea, d'après cette production pleine de sagesse et d'une douce éloquence, le *Plan d'un Cours de perfectionnement,* où là théorie des arts trouve une place judicieusement ménagée.

M. Miel avait voué à Fénelon une espèce de culte. Témoin de l'inauguration du monument élevé dans la cathédrale de Cambrai à la mémoire de ce prélat, il vit dans cette solennité le sujet d'une *Ode à la ville de Cambrai.* Heureusement inspiré par le chef-d'œuvre du statuaire, M. David, il obtint, en 1827, la lyre d'argent, prix du concours de poésie. Ce succès et quelques importants services, rendus depuis à cette ville, firent décerner à l'auteur, en 1828, le titre de citoyen de Cambrai. La même année, M. Miel avait obtenu la décoration de la Légion-d'Honneur. Comme administrateur, M. Miel avait traversé les circonstances les plus extraordinaires, deux invasions du territoire français, le désastre d'une famine, la remise en question des principales bases de l'organisation fiscale, la révolution de Juillet et ses émeutes ; ces circonstances qui faisaient de l'imprévu un élément habituel, ne le trouvèrent jamais dépourvu de ressources. Il en fut de même du remboursement de la cotisation municipale à Paris, opération que l'agiotage couvait des yeux comme une riche aubaine, et qui serait devenue sa proie, sans la surveillance et la probité du chef de division, lequel fut désigné nominativement dans le compte-rendu officiel , comme le principal auteur du succès.

On peut rappeler encore qu'en 1815, l'empereur Alexandre lui fit don d'une bague en diamants, en souvenir de son zèle pour alléger les maux de l'invasion.

En 1828, M. de Chabrol, qui l'avait nommé membre de la commission du canal Saint-Martin, le chargea d'une *Histoire statistique de la ville de Paris*. M. Miel rassembla, avec beaucoup d'ardeur, les matériaux de ce grand travail ; mais trop difficile pour lui-même quand il s'agissait de faire vite, il ne put qu'élaborer soigneusement les matériaux de cet ouvrage que les événements de 1830 rendirent infructueux.

En 1833, M. Miel prit sa retraite. Pendant les dix années qu'il avait encore à vivre, il s'occupa exclusivement d'une *Histoire de l'art français;* peinture, sculpture, musique, etc. Ce fut au milieu de cette occupation que la mort vint le frapper le 28 octobre 1842, à la suite d'une longue maladie de poitrine qui ne lui avait pas fait abandonner un seul instant ses travaux. Quoiqu'il eût rassemblé une immense quantité de matériaux, cette même passion de tout vouloir perfectionner, qui lui avait fait perdre le résultat de ses recherches statistiques sur la ville de Paris, l'avait empêché de rédiger complétement le premier chapitre d'un ouvrage pour lequel il avait réuni, en notes soigneusement rédigées, de quoi remplir plusieurs volumes. Ainsi, cette belle entreprise ne sera point achevée. C'est une perte irréparable ; car, si la France avait pu se glorifier d'un pareil travail, elle aurait eu un ouvrage qui, à juste titre, eût été pour nous plus précieux, et pour les arts en général non moins intéressant que l'ouvrage sur la *Vie des peintres italiens*, auquel Vasari doit sa plus grande célébrité.

Les nombreux articles de critique musicale qu'a donnés M. Miel n'ont pas eu moins de succès que ses écrits sur les arts du dessin. Nous connaissons tous ses notices sur *Gluck*, sur *Garat*, sur *Viotti*, etc. Plusieurs de ces articles, qu'il a réunis dans une intéressante brochure, ont contribué à populariser en France la renommée de *Beethoven*. Membre de la Société des concerts, il ne manquait aucune occasion de rendre justice au talent supérieur des Habeneck, des Baillot et de nos premiers virtuoses.

Dans sa jeunesse, M. Miel avait été frappé de cette pensée de J.-J. Rousseau, que la punition d'avoir manqué l'occasion de faire le bien était de ne plus la retrouver. Il se fit de cette maxime une règle de conduite. Il mit plus d'un artiste en état de prendre à propos un essor utile. Il fut le soutien d'une famille nombreuse.

La vénération pour le caractère et le savoir de M. Miel s'est manifestée par l'expression des vifs regrets que répandit la nouvelle de sa mort, et la sincérité de ces regrets fut attestée par le recueillement, la tristesse et les larmes de vous tous, Messieurs, et du grand nombre d'artistes, de savants

et d'hommes de lettres qui formèrent le glorieux
cortége de ses funérailles.

HITTORFF.

*Discours prononcé, au nom de la Société libre des Beaux-Arts, aux
funérailles de M. Miel, par M. Hittorff, président.*

« Messieurs, il est triste d'avoir à remplir le devoir de parler sur la tombe d'un homme de bien,
d'un homme de mérite et d'un ami éprouvé par
trente années de la liaison la plus intime. Si quelque chose peut adoucir l'amertume de cette cruelle
nécessité, c'est d'y voir la fin de longues souffrances
et le consolant espoir d'une vie plus heureuse que
celle dont la Providence fixa pour M. Miel le
terme parmi nous. Pour lui donc, aujourd'hui, le
bonheur du juste; et pour sa pauvre et dévouée
fille, pour ses trois enfants, deux fois orphelins,
pour tous les membres de sa famille, pour tous ses
amis, la douleur d'une perte irréparable.

« Cette douleur sera grande, sincère et longue,
car elle se renouvellera, pour tous ceux qui ont
connu M. Miel, chaque fois qu'il s'agira de citer le
fonctionnaire intègre, le critique instruit et consciencieux, le littérateur distingué; chaque fois
que l'on nommera le père, l'ami, l'homme capable
de tous les sacrifices, pour remplir les charges du
père de famille, satisfaire aux droits de l'amitié, et
aller au devant de l'humanité souffrante; chaque
fois, enfin, qu'il s'agira de propager, d'encourager

et de faire prospérer les arts, cette douleur sur-
gira. Qui, plus que notre ami, consacra, en effet,
toute sa vie, toutes ses facultés à coopérer à la pré-
éminence de nos artistes? soit qu'il louàt leurs
belles qualités et en établît les principes, basés sur
une saine philosophie, soit qu'il blamât leurs dé-
fauts, sa critique éclairée et bienveillante poussa
toujours le vrai mérite dans le chemin pénible et
difficile qui conduit à la véritable gloire, et arrêta
souvent le jeune artiste prêt à s'élancer dans une
route plus facile qui mène à une fausse et périssable
renommée.

« Ce sera toujours un vif regret, pour tous ceux
qui ont été initiés à la vie de M. Miel, que de se
voir privés du complément d'un travail qui a été
l'occupation de toute son existence : je veux parler
de l'*Histoire de l'art français,* dont la plupart des notices biographiques et des articles, insérés dans les
journaux et dans d'autres publications partielles,
étaient des extraits ou des matériaux préparatoires.
Si la France avait pu se glorifier d'un pareil livre,
elle aurait eu un ouvrage qui, à juste titre, eût été,
pour nous, plus précieux, et pour les arts, en général, non moins intéressant que l'ouvrage sur la
Vie des peintres italiens, auquel Vasari doit sa plus
grande célébrité.

« La veille de sa mort, et dans la trop réelle
prévision du peu d'heures qui lui étaient réservées,
notre ami ne regrettait de ce monde que le temps
nécessaire à l'éducation du plus jeune de ses petits-

fils, et à l'achèvement de l'œuvre qui eût été, à la fois, un monument élevé à la gloire de nos artistes et à celle de son auteur. S'il ne l'a pas achevé, c'est encore par suite de cette continuelle abnégation de lui-même, qui dirigeait toutes les actions de M. Miel lorsqu'il s'agissait d'un nouveau dévouement, d'un nouveau sacrifice pour les artistes, qu'il aima tant ; car c'est le zèle et l'enthousiasme qu'il porta à la Société libre des Beaux-Arts, et qui le firent lui consacrer, depuis sa fondation, la plus grande partie de son temps, qui l'en empêchèrent. Persuadé qu'une fois solidement constituée et fortifiée par le temps, cette Société offrirait les éléments les plus propres à la prospérité des arts, M. Miel envisagea son concours incessant comme une mission sacrée, mission d'autant plus attrayante pour son âme désintéressée, que le bien qu'il en espérait, sans pouvoir rejaillir sur lui, lui paraissait devoir être plus profitable à cette belle institution. Cependant un grand nombre de ses travaux, en mémoires, biographies et rapports, aussi bien que la partie de la publication des Annales de la Société que notre ami dirigea, conserveront son nom. Ces travaux, preuves de son grand savoir et de ses connaissances variées et étendues, resteront dans la mémoire de tous les membres de cette Société. Ils stimuleront dans l'avenir, longtemps encore, le zèle de nos successeurs, pour lesquels l'exemple d'un aussi digne et illustre collègue ne sera jamais perdu.

« Pour nous, Messieurs, conservons ce vif amour des arts qui anima à un si haut degré notre vénérable ami ; n'oublions pas qu'il y a un mois, quoique malade et se traînant à peine, il vint, avec la plupart d'entre nous, visiter la basilique de Saint-Denis, et que le souvenir de ce dernier pèlerinage artistique au milieu de ses collègues l'occupa encore peu d'heures avant sa mort. Ce souvenir, joint à celui de l'amitié que lui avaient vouée le grand David et les artistes les plus distingués de cette époque comme de la nôtre, fut une grande consolation des grandes peines qui traversèrent la vie de M. Miel. Si ces compensations l'ont soutenu et lui ont donné la résignation de voir arriver sa dernière heure avec le calme de l'homme de bien qui espère un meilleur avenir au delà du terme de cette vie, nous pouvons dire encore une fois : « Le bonheur du juste, pour lui qui a quitté cette terre ; la douleur, pour nous qui y restons !

Impr. Ducessois, 55, quai des Augustins.